I0844574

C'est ainsi que vous dirigez votre employé de bureau comme un patron amical

2

Contenu

INTRODUCTION

Comment gérez-vous les gens ?

Le processus d'organisation, de gestion et de développement du côté employé d'une entreprise est connu sous le nom de gestion des ressources humaines. Soutenir le travail de toute une équipe, ainsi que son bien-être, son engagement et sa progression font partie des responsabilités des rôles de leadership.

S'assurer que chacun se sente entendu, compris, pris en charge et leur fournir les ressources dont ils ont besoin pour prospérer, tout en s'assurant qu'ils réussissent conformément aux mesures de l'entreprise, ne se limite pas à créer et à attribuer des tâches, explique Tile.

C'est une demande assez difficile, en particulier pour ceux qui ont plusieurs subordonnés directs. Les entretiens individuels hebdomadaires, les réunions d'équipe et l'examen des rapports hebdomadaires de chaque membre de l'équipe s'additionnent rapidement. De plus, en tant que joueur d'équipe, il peut être particulièrement difficile pour vous de trouver l'équilibre entre vos exigences personnelles et celles de votre équipe. Des exemples de telles exigences sont le temps de concentration, l'organisation et le développement professionnel.

Voici sept suggestions pour les nouveaux managers, y compris où obtenir de l'aide, comment cultiver une attitude positive et comment diriger avec compassion.

Certaines personnes sont poussées vers la gestion tandis que d'autres y sont nées. Choisir le type de manager que vous souhaitez être dans votre nouveau rôle est l'une des premières étapes, quel que soit le chemin que vous choisissez pour organiser des réunions hebdomadaires en tête-à-tête.

"En tant que nouveau manager, vous voulez éviter de devenir un amoureux des gens. En plus de cela, vous essayez de ne pas être rigide », a expliqué Piranha Tile, producteur principal chez City Cast DC. "J'essaie de m'assurer que tous ceux à qui je rends compte sont heureux, comme tous mes subordonnés directs." Parce que je me concentre sur tout le monde, j'ai parfois l'impression que mes besoins sont négligés. Le processus consistant à s'assurer que les bonnes personnes sont au bon endroit et disposent des bonnes ressources pour atteindre les objectifs souhaités est connu sous le nom de gestion des personnes. Cela comprend l'embauche, la formation et l'encouragement de la croissance des membres de votre équipe.

Tout au long de leur carrière, les expériences des employés sont fortement influencées par la direction. Le rendement et la fidélisation des employés sont grandement influencés par les attitudes et les pratiques de la direction, en particulier lorsqu'il s'agit de faire face au changement.

La gestion des personnes et le leadership ont beaucoup en commun, et les managers efficaces font également des leaders efficaces. Cependant, il y a quelques changements importants. Les managers sont souvent plus concernés par les opérations quotidiennes, tandis que les cadres jouent souvent un rôle plus stratégique.

Il peut être difficile de trouver un responsable RH compétent avec les bonnes qualités. Tout le monde veut suivre un leader compétent, sûr et déterminé.

Mais comment traitez-vous cette personne ? Quelles sont les conditions pour conserver ce poste ? Que faire si vous débutez et que vous avez peu d'expérience en gestion ?

Beaucoup de mes étudiants sont des leaders en herbe ou viennent juste de commencer à avoir des gens qui leur rendent compte. Le plus souvent, ces personnes se soucient véritablement de leurs employés et souhaitent apprendre à mieux les servir.

Au début, le plus important est la sincérité du traitement. À partir de là, nous développons des compétences et des connaissances pour devenir des responsables RH vraiment performants, encourageants et sympathiques.

Trouver cet équilibre peut être difficile, contre-intuitif et déroutant. Même les managers exceptionnels ont besoin d'aide et de structure pour réussir. Bien que les compétences en gestion prennent souvent du temps à se perfectionner, elles ne se développent pas miraculeusement d'elles-mêmes.

Développer vos compétences managériales est essentiel pour libérer le potentiel sur le lieu de travail et aider votre équipe à atteindre ses objectifs. Il peut être difficile de s'assurer que toutes les personnes impliquées dans un projet travaillent bien en équipe et accomplissent leurs tâches efficacement. Cependant, il existe un certain nombre de meilleures pratiques que vous pouvez utiliser pour améliorer vos compétences en gestion lorsque vous travaillez avec d'autres.

Dans cet essai, nous décrivons les qualités d'un bon manager et fournissons des directives détaillées pour diriger et diriger votre équipe vers le succès.

Chaque manager doit avoir la capacité de diriger les gens. Peu importe depuis combien de temps vous occupez le poste ou à quel point il est nouveau, le développement de cette compétence augmentera l'engagement et la productivité des employés.

Cependant, un gestionnaire compétent peut rendre supportable une tâche difficile. Une mauvaise gestion peut détruire un bon travail.

Alors que je réfléchis à ma propre carrière, certains cadres RH clés se distinguent comme exceptionnels et certains que j'éviterais si je les rencontrais lors d'un entretien.

En fait, mes collègues et moi croyons que ceux qui se démarquent sont ceux qui se souciaient de nos désirs et du succès de notre entreprise.

Ce sont les patrons qui ne m'ont jamais fait sentir incompétent. Au lieu de cela, ils m'ont exhorté à essayer de retirer quelque chose de l'expérience.

Après 15 ans d'expérience en gestion dans divers contextes et responsabilités professionnelles, je partage maintenant ces idées positives avec des leaders en herbe et expérimentés dans des cours de troisième cycle à la Pamplona School of Business de l'Université de Portland.

Dans cet article, nous discuterons des bases de la gestion des ressources humaines, de différentes approches de gestion des ressources humaines et de ce que vous pouvez faire pour commencer à devenir un gestionnaire des ressources humaines prospère.

Un bon leadership semble une tâche facile car il manque de méthodes top secrètes. Mais alors qu'un bon leadership consiste souvent en des actions simples, pour une raison quelconque, de nombreux dirigeants ne parviennent pas à les mettre en pratique.

Bien sûr, les conseils de leadership suivants ne sont que la pointe de l'iceberg. Comme tout le reste dans la vie, cette situation nécessite une pratique réelle car la théorie seule ne suffit pas.

• Une approche globale pour soutenir le travail, le développement et le bien-être des travailleurs est la gestion des ressources humaines.

• Dans les postes de direction, vous devez trouver un équilibre entre fournir votre propre travail et soutenir les autres.

• Les managers doivent utiliser les commentaires directs de leurs employés pour déterminer comment évoluer en tant que leaders.

- Les cours, mentors et autres managers peuvent servir de sources d'inspiration pour les managers.

1. Donnez la priorité à la gestion de votre propre charge de travail. Vous devez d'abord prendre soin de vous avant de pouvoir gérer le succès des autres. Protégez votre temps et donnez la priorité à votre calendrier en réservant un laps de temps spécifique chaque jour pour vous concentrer uniquement sur l'exécution de votre travail sans distractions. Le sur-engagement envers son équipe est une erreur que peuvent commettre des managers diligents, conduisant à l'épuisement professionnel et réduisant l'efficacité de leur management. Vous serez plus alerte et concentré sur votre équipe lorsqu'elle a besoin de vous lorsque vous serez à l'aise avec votre propre travail.

Gestion directe des particuliers

Le superviseur instruit les employés sur les tâches à faire et comment les faire. Ce style de leadership fonctionne mieux lorsque les activités doivent être réalisées rapidement et efficacement selon une norme ou un besoin spécifique, mais il peut également être une lourde charge pour les employés.

De plus, cela fonctionne mieux pour les travailleurs qui sont encore en développement et dans les sociétés ou les situations où les gens ont besoin d'être explicitement informés sur ce qu'il faut faire, comment et quand.

Fait amusant : la microgestion ne montre pas à un employé que vous vous souciez de son travail.

La microgestion d'un employé montre que vous ne lui faites pas confiance pour faire lui-même un travail de qualité.

Travailler avec un employé pour résoudre un problème ensemble est très différent de le microgérer pendant qu'il s'attaque à ses propres problèmes.

Être amical.

Ne perdez jamais de vue le fait que les vraies personnes que vous servez ont de vrais problèmes et de vraies expériences. Pour de nombreux chefs d'entreprise, les employés ne sont que des heures de travail qui doivent être contrôlées et maximisées.

Qu'il s'agisse de vos collègues, amis ou travailleurs, votre équipe comprend toujours qui ils sont pour vous. De plus, une heure de travail ne résoudra jamais vos problèmes.

Acquérir des compétences managériales

Peu d'entre nous ont la capacité naturelle de diriger, et je n'ai pas vu de "cours de leadership" vraiment valables. Heureusement , nous avons quelque chose de bien mieux sous forme de livres. En tant que leader, vous devez défendre les intérêts de votre organisation. Et vous ferez beaucoup mieux si vous comprenez l'esprit de l'autre personne et êtes familier avec la philosophie de la négociation.

Un leader doit donc lire la littérature. En plus de la gestion, les dirigeants doivent étudier la psychologie, le fonctionnement de l'esprit, le recrutement, la négociation, le marketing, la gestion de projet et l'économie.

Découvrez qui est qui.

Connaissez-vous et connaissez les membres de votre équipe. Vous pouvez le faire avec l'aide de mes quatre figurines de terrain de jeu. "Quel genre d'enfant étais-je dans la cour de récréation ?", pourrait-on se demander. La personne qui

- S'assurer que tout le monde avait une chance de frapper ? Le médiateur.

- Fait une ligne, puis tout le monde a compté ? Le Coordonnateur.

- Les règles ont été modifiées en cours de partie ? Un innovateur.

- Vouliez-vous le faire à ma façon ? Le marteau de forgeron. Décidez qui est dans votre terrain de jeu une fois que vous avez déterminé votre personnalité de terrain de jeu. N'ignorez pas les avertissements. Le langage corporel, le choix des mots et les intentions sont clairement reconnaissables dans l'interaction humaine.

La coopération et la communication sont importantes pour les artisans de la paix. Lorsque d'autres se disputent, les yeux d'un employé peuvent gonfler, ce qui est un drapeau rouge.

Les organisateurs procèdent avec méthode et détermination. Un employé est un organisateur lorsqu'il se présente à une réunion avec des tableaux ou des papiers à code couleur.

Les révolutionnaires méprisent la régularité et préfèrent l'improvisation. Vous pouvez dire à un révolutionnaire en demandant : « D'où cela vient-il ?

Avec une opinion bien arrêtée et l'intelligence nécessaire pour s'attaquer à des problèmes difficiles, des rouleaux compresseurs. Ils ont des points de vue contradictoires et défendent des concepts à 30 000 pieds.

Prenez le temps de découvrir les qualités particulières de vos collaborateurs.

Chacun apporte ses compétences particulières à l'équipe, telles que la meilleure façon de répondre aux critiques, s'il se lève tôt et sa capacité à effectuer plusieurs tâches à la fois. Prenez le temps de faire connaissance avec chacun. Cela permet de leur mettre un visage et de mieux comprendre leur fonctionnement.

Kelly Moon, directrice du contenu de Send Bird, explique : "Je partage une feuille de travail de découverte où nous apprenons les styles de communication de chacun et ce qui nous motive et nous inspire." Parce que tout le monde est unique, "j'adapte mon style de leadership à chaque individu."

En comprenant les besoins de vos employés, vous pouvez mieux comprendre leurs actions, leurs inclinations et leurs difficultés au travail. Même lorsque vous travaillez avec des équipes distantes, cette subtilité peut vous aider à communiquer plus efficacement les objectifs de performance et à mieux résoudre les problèmes.

En matière de communication, Moon conseille "d'être vraiment communicatif dès le début afin que les gens ne se trompent pas sur ce à quoi s'attendre". Il a également recommandé de donner aux membres de l'équipe une chance de mieux se connaître. Construire un lien d'équipe solide aide à garder tout le monde attaché à l'objectif et résilient face au changement ou à l'incertitude. Il est donc important de donner à l'équipe la possibilité de passer du temps ensemble et de se faire confiance.

attribuer des tâches

Plutôt que de superviser chaque élément de travail d'un projet, vous pouvez vous concentrer sur des tâches de gestion de niveau supérieur en apprenant à déléguer des tâches importantes à d'autres. Après avoir mieux compris les forces, les faiblesses, les expériences et les talents de chaque membre de l'équipe, vous pouvez attribuer des tâches à ceux qui sont les plus susceptibles de les accomplir efficacement et à temps. Lors de l'attribution des tâches, il est important de définir des attentes claires pour chaque employé et de s'assurer qu'il a confiance en sa capacité à mener à bien la partie du projet qui lui est assignée. Vous pouvez montrer aux gens que vous avez confiance en leurs capacités en leur assignant des tâches qui les font se sentir impliqués dans la réussite du projet.

Coaching en gestion RH

Le gestionnaire soutient les employés dans l'atteinte des résultats requis en leur donnant des instructions claires et détaillées. Cette approche de gestion fonctionne bien pour enseigner aux individus certaines habitudes et normes culturelles, de sorte que le patron peut être moins directif et plus solidaire.

Lorsque des personnes hautement qualifiées passent à une nouvelle culture ou situation d'entreprise, l'approche de coaching est utile pour les aider à adopter certaines habitudes.

Reconnaître la situation dans laquelle vous vous trouvez

Ce n'est que par l'expertise que l'autorité peut être acquise. Tous les managers, quel que soit leur poste, doivent avoir une compréhension approfondie des problèmes qu'ils supervisent.

Par exemple, si vous souhaitez diriger une équipe de développement, vous devez avoir une bonne compréhension des outils, des API, des tableaux, des fonctions et de la complexité des algorithmes. Idéalement, vous avez déjà travaillé en tant que développeur dans le passé. On comprend pourquoi Mark Zuckerberg et Sergey Bring ont si bien réussi à diriger des entreprises informatiques puisqu'ils pouvaient communiquer avec les clients dans leur propre langue.

Même si votre équipe utilise de nombreux langages de programmation et que vous ne comprenez pas parfaitement toutes les subtilités de ces langages, vous devriez être en mesure de comprendre leur code et de connaître les frameworks les plus importants.

Vous ne pourrez pas évaluer avec précision la rapidité, le risque ou le coût si vous ne savez pas exactement ce que vous gérez.

Soyez respectueux . Le respect commence par le patron. Bonjour et merci sont des salutations importantes. Pour être respectueux :

Générez des idées avec des artisans de la paix.

Donnez aux organisateurs un travail qui a des délais et qui est important.

Donnez des tâches urgentes aux révolutionnaires.

Demandez des vues de rouleau compresseur.

admettre la réalité . Posez des questions, soyez prêt à apprendre et évitez d'interrompre les dialogues trop tôt, car tout le monde ne recueille pas les informations de la même manière que vous. Si vous pensez avoir toutes les informations, confirmez-les en redemandant.

Favoriser les partenariats de mentorat

Vous devriez essayer de développer une relation de mentorat avec vos employés si vous souhaitez vous améliorer en tant que leader. Un mentor efficace comprend la définition d'objectifs de développement à long terme, la fourniture de conseils et d'orientations professionnels et l'aide à vos employés pour identifier les opportunités d'avancement professionnel.

De solides compétences en prise de décision doivent être démontrées.

Lorsqu'il s'agit de différends ou de décisions en milieu de travail, les gestionnaires ont souvent le dernier mot. Prendre des décisions impartiales, quels que soient les membres de l'équipe impliqués, devrait être l'un de vos objectifs alors que vous vous efforcez de devenir un meilleur manager.

promouvoir le travail d'équipe

Un manager qui réussit est conscient que son succès dépend de la coopération de l'équipe. Vous devez faire plus que simplement faire fonctionner votre équipe comme une unité pour vous améliorer en tant que manager. Vous devez vous efforcer d'améliorer la position de votre équipe au sein de l'organisation. L'utilisation de techniques impartiales pour évaluer les performances des membres de l'équipe et résoudre tout conflit pouvant survenir devrait faire partie des activités de développement de votre équipe.

Utilisez des réunions individuelles pour le développement et la résolution de problèmes stratégiques.
Bien que cela puisse être tentant, le temps en face à face est mieux utilisé pour des conversations importantes plutôt que comme une liste de contrôle des tâches en cours.

"Les réunions individuelles nous donnent l'espace pour parler de la situation dans son ensemble, comme la façon dont notre processus de production fonctionne ou ne fonctionne pas et comment nous pourrions vouloir le réviser", a déclaré Tile. "Le tête-à-tête hebdomadaire s'enliserait dans ce genre de choses si nous ne faisions pas les petites choses tous les jours."

Soyez plus diligent dans l'utilisation de votre temps de synchronisation, surtout si vous avez plus d'un rapport direct, tant que vous avez d'autres moyens de communiquer l'état du projet (par exemple, les mises à jour hebdomadaires de Lattice et Slack, ou des plateformes de gestion de projet comme Jeri, Asana ou Trellis).

Au cours de ces séances individuelles, Tilde déclare : "Nous identifions les problèmes que les gens rencontrent (en particulier ceux liés à la menace d'épuisement professionnel), puis trouvons des moyens de les atténuer ou de les empêcher de devenir un problème en premier lieu." "Voir ces solutions devenir une réalité a été vraiment gratifiant."

Assurez-vous de prendre le temps de discuter ensemble des modèles plus larges qui émergent dans votre flux de travail et des aspirations professionnelles des membres de votre équipe. « Comment puis-je les soutenir ? Quels ont été les succès, qu'est-ce qui a fonctionné ou non ? », a déclaré Lunar. Ensuite, ils ont un environnement sûr où ils peuvent être ouverts et honnêtes et nous pouvons résoudre les problèmes ensemble.

Vous pouvez organiser vos discussions hebdomadaires à l'aide de notre formulaire d'agenda de réunions individuelles.

Contrôlez la conversation

Prenez l'initiative lorsque vous parlez aux autres en posant des questions, en obtenant des mises à jour et en faisant part de vos préoccupations, plutôt que d'attendre que les autres membres de l'équipe le fassent. Expliquez comment les membres de l'équipe doivent interagir entre eux et avec vous lorsqu'ils assument pour la première fois vos responsabilités de gestion, qu'elles soient formelles ou informelles. Identifiez les principales lignes de communication, telles que les serveurs de messagerie ou de chat, afin que chacun sache quoi faire en cas de problème. Vérifiez avec votre équipe à la fois collectivement et en privé pour voir comment ils vont et pour encourager un dialogue honnête comme moyen de résoudre les problèmes.

Trouver des workflows logiques

Créez une carte de processus de flux de travail qui montre les rôles que chaque membre de l'équipe assume dans la réalisation d'un projet. Vous pouvez attendre plus de chaque personne lorsque vous connaissez clairement ses responsabilités spécifiques et la manière dont elles sont liées au projet dans son ensemble. Vous pouvez également l'utiliser pour créer un horaire réaliste que les employés doivent suivre. Gérer des personnes sans comprendre le processus du projet peut créer de la confusion et des retards, vous empêchant d'identifier rapidement la cause première des problèmes qui surviennent.

Gestion du personnel tolérante

Les employés reçoivent des directives et du soutien de la direction, mais sont libres de choisir leurs propres actions, y compris le contrôle des résultats.

Lorsqu'il existe plusieurs "bonnes réponses" et que les employés sont compétents et capables de tirer une conclusion positive dans un contexte ou une organisation donnée, cette approche est souvent plus bénéfique pour la main-d'œuvre et peut conduire à de meilleurs résultats.

Embauchez les bonnes personnes

Le succès d'une organisation dépend de la sélection des bonnes personnes. Faire le mauvais choix lors de l'embauche de quelqu'un peut entraîner une perte de temps et d'efforts qui auraient pu être économisés si vous aviez fait le bon choix la première fois.

Mais comment savoir si quelqu'un est capable ? La meilleure façon de trouver le candidat idéal est de mener un entretien comprenant des questions techniques et non techniques sur ses antécédents, ses objectifs et ses convictions, ainsi que des questions sur votre entreprise ou votre secteur d'activité . Cela peut vous aider à déterminer s'ils seraient un bon ajout à votre équipe.

Bien qu'il n'y ait pas de secret pour trouver le bon candidat, j'ai réussi à identifier les comportements requis pour le poste, à interroger les candidats sur ces comportements et à impliquer les membres de l'équipe qui travaillent en étroite collaboration avec la nouvelle recrue, même s'ils ne font pas directement partie de mon équipe, dans le processus d'entretien.

N'oubliez pas ce conseil : embauchez lentement et licenciez rapidement. Si vous prenez une mauvaise décision d'embauche, essayez de vous en débarrasser rapidement afin de trouver le candidat idéal qui soutient les objectifs de votre équipe et de votre entreprise.

Laissez l'individu corriger sa propre erreur.

Inutile de discréditer un employé pour démontrer votre "génie". Il est préférable d'écrire personnellement à cette personne et de signaler son erreur à la place. Parlez de la solution et laissez-les la réparer eux-mêmes.

Permettre aux individus de se guérir élimine le besoin de les humilier publiquement. À long terme, cela améliorera grandement leur travail.

protégez votre peuple

Ils doivent se comporter comme un bouclier absorbant les chocs. Personne ne devrait pouvoir contrôler les actions de votre équipe sans votre permission.

Permettez aux autres de vous critiquer s'ils le souhaitent et vous apprendrez ce qui doit être fait dans votre entreprise.

Donne l'espoir de faire connaissance avec vos employés.

Vous devez au moins connaître les prénoms de vos employés. Cela s'applique quelle que soit la taille de votre entreprise. De plus, vous devez être conscient de leurs passe-temps et intérêts en dehors du travail. Il est important d'apprendre à connaître vos employés, car cela vous aidera à mieux comprendre comment ils exécutent leur travail. S'assurer que votre niveau d'attention est acceptable peut également aider vos employés à se sentir valorisés.

Portez une attention particulière à vos employés.

La règle précédente est suivie par celle-ci. Vous serez en mesure de traiter chaque employé comme un individu après avoir appris à les connaître. La stratégie que vous utilisez doit être basée sur les différentes compétences, préférences et besoins de développement de vos employés. Pour diriger efficacement les gens, vous devez vous concentrer sur chaque personne en tant qu'individu et adapter votre stratégie à ses besoins.

Faites-en la norme de recevoir des commentaires en continu.

Bien qu'il s'agisse d'un cadeau, les commentaires ne relèvent pas uniquement de la responsabilité de l'expéditeur. Il est de la responsabilité de la direction de créer une atmosphère fiable et sécuritaire dans laquelle les employés peuvent exprimer librement leurs préoccupations.

Plus je peux donner d'espace pour cela, mieux c'est, a déclaré Trevor Sutlej, responsable des ventes aux entreprises chez Jabot, "Il est très difficile de donner un retour d'information ouvert et direct." Plus vous pouvez obtenir un système de retour d'information aussi ouvert, plus vous vous sentez à l'aise.

Chaque semaine, il demande des commentaires spécifiques lors de ses entretiens individuels, une pratique qu'il attribue à son partenaire, qui est recruteur commercial depuis six ans. Il a déclaré: "C'est juste censé être des discussions ouvertes, d'avant en arrière. "Je leur demande toujours verbalement s'ils ne le remplissent pas dans la mise à jour du réseau."

N'ayez pas peur de donner des commentaires honnêtes. Cela aidera votre équipe à développer des compétences de rétroaction entre elles et à créer une atmosphère de travail plus positive que lorsque les problèmes sont maîtrisés. Selon Moon, poser des questions efficaces est essentiel pour obtenir des commentaires pratiques et exploitables d'une nouvelle équipe.

Parce qu'elle est trop ouverte, la question "Pensez-vous que je suis un bon manager ?" est sans réponse. n'est pas celui qui suscitera une réponse réfléchie, selon Moon. Recherchez plutôt des commentaires sur les éléments plus spécifiques de votre style de leadership, tels que : Par exemple, comment vous interagissez ou fournissez des informations avec les autres, comment vous menez des discussions ou des réunions, et si vous offrez aux autres des opportunités de se sentir stimulés et inspirés.

Créez des objectifs clairs.

Fixez-vous des objectifs, individuellement et en équipe, pour guider vos efforts de gestion. Fixer des objectifs au début d'un projet vous donne une direction en tant que leader et permet à chacun de prêter attention à l'impact de ses actions sur le succès d'un projet ou d'une initiative. Notez chaque objectif afin d'avoir un dossier auquel vous référer lors de l'évaluation de l'avancement du projet aux étapes clés. Discutez avec votre groupe des actions que chaque membre de l'équipe doit entreprendre pour atteindre ses objectifs et donnez à chacun l'occasion de poser des questions et de faire des recommandations sur la manière d'atteindre les objectifs de votre équipe.

Corrigez immédiatement les mauvaises performances
Lorsqu'il s'agit de traiter avec des employés sous-performants, le timing est essentiel. Parlez immédiatement aux employés de leur mauvaise performance.

Au moment où vous, le gestionnaire, le découvrez, d'autres sont les plus susceptibles d'être touchés et, dans le pire des cas, le bien-être de certains employés est en danger. Les problèmes de performance peuvent s'aggraver s'ils ne sont pas résolus immédiatement, et un employé sous-performant peut devenir toxique et infecter votre équipe et l'ensemble de l'organisation.

Les exemples de mauvaise performance des employés incluent

les employés qui manquent constamment les délais ou qui fonctionnent mal, se comportent de manière perturbatrice ou hostile, ou manquent d'engagement ou de motivation.

Soyez honnête et discutez de l'avenir.

Soyez honnête à tout moment. Dites-leur la vérité lorsque le projet manque de fonds et est sur le point d'être abandonné. Ne faites pas passer les gens avant les faits lorsqu'il y a une intention de changer quelque chose ; Au lieu de cela, informez tout le monde à l'avance.

Ne restez pas silencieux si l'entreprise a des plans de réduction des effectifs. Il vaut mieux admettre après coup que les plans n'ont pas fonctionné que de blâmer les individus à l'avance. Faites-leur également savoir si l'entreprise a l'intention d'augmenter le salaire de tout le monde. Il augmente les liens tout en favorisant la confiance. Sans oublier que les équipes au leadership ouvert ont souvent une culture supérieure.

Les employés doivent être informés de ce qui se passe dans l'entreprise, et de préférence par vous-même.

Tous les membres de l'équipe doivent être payés équitablement.

Il n'est pas toujours possible de verser aux employés les salaires les plus élevés disponibles. Il y aura toujours une entreprise qui offre plus de salaires et un travailleur qui gagne plus d'argent. Cependant, pour que les employés sentent qu'ils ont une valeur suffisante pour vous et votre entreprise, ils doivent reconnaître que leur rémunération est équitable pour votre entreprise.

J'utilise l'approche suivante pour déterminer si les salaires sont équitables ou non : Imaginez le jour où l'entreprise publiera tous les salaires au public. Vais-je me sentir gêné devant un coéquipier ? Si c'est le cas, leur salaire doit être ajusté car il n'est pas assez élevé.

C'est ainsi que fonctionnent les hauts salaires. Est-ce vraiment une bonne idée quand quelqu'un gagne beaucoup plus d'argent que les membres de l'équipe ne le pensent ? Et si le mot passe?

Réclamez l'entière culpabilité.

En tant que manager, vous êtes responsable de tout ce qui se passe. Ce n'est que lorsque vous avez assumé l'entière responsabilité de l'erreur que vous pouvez déterminer en interne ce qui doit être fait dans l'équipe.

Qui est vraiment fautif n'a peut-être pas d'importance pour ceux qui sont à l'extérieur, mais ceux qui sont à l'intérieur ont besoin de se sentir en sécurité et pris en charge. L'équipe doit sentir que même si la personne qui a commis l'erreur est finalement licenciée, ce n'était pas sous la contrainte, mais plutôt après un examen approfondi et un raisonnement interne.

respect des frontières

N'interférez pas avec le temps ou l'espace personnel de vos employés. Ne faites pas la promotion agressive d'activités de consolidation d'équipe. Même sans votre "allons-y aujourd'hui", les gens voudraient toujours interagir en dehors du lieu de travail.

Le temps des vacances est vénéré. Si une personne a besoin d'être souvent appelée pendant ses vacances, quelque chose ne va pas.

Restez en contact même après le départ de l'employé

Vous démarrez peut-être une nouvelle entreprise ou il y a peut-être un poste vacant. Même si quelqu'un n'est plus employé par vous, la communication devrait continuer - dans certains cas, elle devrait même augmenter. Essayez de rester en contact avec eux car vous pourriez avoir besoin de certains d'entre eux à l'avenir.

Vérifiez régulièrement avec eux pour voir comment ils vont et pour voir s'ils aimeraient revenir. Quelqu'un peut se sentir gêné de vous demander d'envisager de revenir car il n'est pas satisfait de son nouvel emploi.

<u>BONNE LECTURE</u>

www.ingramcontent.com/pod-product-compliance
Lightning Source LLC
Chambersburg PA
CBHW071120260726
48661CB00006B/2661